O LIANGONG em 18 exercícios

© Copyright 1996.
Ícone Editora Ltda

Capa
Mônica Mattiazzo

Diagramação
Rosicler Freitas Teodoro

Revisão
Rosa Maria Cury Cardoso

Proibida a reprodução total ou parcial desta obra, de qualquer forma ou meio eletrônico, mecânico, inclusive através de processos xerográficos, sem permissão expressa do editor (Lei nº 5.988, 14/12/1973).

Todos os direitos reservados pela
ÍCONE EDITORA LTDA.
Rua das Palmeiras, 213 — Sta. Cecília
CEP 01226-010 — São Paulo — SP
Tels. (011)826-7074/826-9510

O LIANGONG em 18 exercícios

Tradução:
Rosina D'Angina

Dados Internacionais de Catalogação na Publicação (CIP)
(Câmara Brasileira do Livro, SP, Brasil)

O Liangong em 18 exercícios - Tradução Rosina D'Angina.
— São Paulo: Ícone, 1996.

ISBN 85-274-0335-8

1. Educação física 2. Exercício 3. Fisioterapia 4. Ginástica medicinal.

95-0616   CDD-615.824

Índices para catálogo sistemático:

1. Liangong: Ginástica medicinal: Terapêutica   615.824

Introdução

Diariamente, de madrugada, nas veredas arborizadas de Beijing, às margens do rio Huangpu em Xangai, aos pés da colina Yuexiu de Guangzhou e em outros lugares espaçosos de pequenas e grandes cidades da China, respirando o ar fresco, milhares de habitantes se entregam à prática de exercícios terapêuticos derivados de algumas das múltiplas modalidades da ginástica autóctone. Entre elas existe uma de fácil aprendizado e resultados terapêuticos rápidos: o *Liangong* em 18 exercícios.

Grande parte dos movimentos desta modalidade de ginástica se baseia na mais antiga ginástica terapêutica da China, como os "Jogos dos cinco animais". Os exercícios desta ginástica se dividem em seis séries em um total de 36 partes. As primeiras três séries, que constam de 18 partes, constituem os 18 métodos para prevenir e curar torcicolo, lombalgias e dores nas costas, ombros, nádegas e pernas, e englobam os 18 exercícios principais que dão denominação a este tipo de ginástica. As últimas três séries, também com 18 partes, são constituídas por exercícios para o tratamento das artrites das quatro extremidades, tenossinovites e disfunções de órgãos internos. O praticante poderá obter resultados terapêuticos eficazes se executar corretamente os exercícios, aumentando gradualmente o desgaste físico, e combinando à prática o tratamento com medicamentos e a psicoterapia, a integração do trabalho apropriado e o descanso.

Devido às diferentes circunstâncias de trabalho exercidas pelo indivíduo, o corpo permanece constantemente numa mesma postura. Por exemplo: os que trabalham em escritórios adotam, freqüentemente, uma posição com a cabeça inclinada e o peito semicurvado. Com o tempo, essa posição favorecerá a deformação do tecido cartilaginoso do pescoço causando lesões nas vértebras cervicais. Praticados com freqüência, os exercícios para "Fortalecer os músculos do pescoço" propiciarão uma melhor circulação do sangue naquela área, melhorando a função de controle exercida pelo sistema nervoso, relaxando a viscosidade e a convulsão dos músculos e aumentando sua capacidade — levando, inclusive, à recuperação de suas atividades normais. Outro exemplo: o metabolismo dos que levam vida sedentária, não realizando nenhum esforço físico, tende a sofrer redução, ocasionando, em conseqüência, doenças coronárias e hipertensão. Se for praticado, com freqüência, o *Liangong* em 18 exercícios, movimentando as várias partes do corpo, obter-se-á o relaxamento do tecido cartilaginoso e a oxigenação dos órgãos. Dessa forma se favorece o processo de metabolismo, recuperando e reativando a função dos órgãos e obtendo, em conseqüência, a melhoria da saúde e a debelação de certas enfermidades. A prática do *Liangong* em 18 exercícios contribui na nutrição do organismo e no aumento da capacidade de resistência do corpo às enfermidades, logrando, com isso, fortalecer a saúde e prevenir as doenças.

Tenha sempre em mente que os movimentos do *Liangong* em 18 exercícios se caracterizam essencialmente pela suavidade, lentidão e continuidade. Isso é muito importante, pois os movimentos violentos dos órgãos podem acarretar lesões às pessoas fracas ou enfermas e, ademais, eles não são adequados para o domínio da técnica visando à perfeição.

Primeira série
Exercícios para prevenir e curar torcicolos e dores do deltóide

Esta série de exercícios trata da movimentação da cabeça e da parte superior do corpo objetivando a flexibilidade da articulação do pescoço, ombros, cotovelos e dedos. Melhora a circulação do sangue no tecido cartilaginoso e regula as funções dos nervos; alivia a viscosidade e convulsão dos músculos e do tecido cartilaginoso e reforça a capacidade muscular, contribuindo para a recuperação do funcionamento orgânico do pescoço, ombros e braços. Esta série de exercícios é importante também para propiciar o bom funcionamento do fígado, normalizar a respiração, auxiliar a digestão, regularizar o controle cerebral etc.

I. Fortalecer os músculos do pescoço

Preparação: Em pé, com as pernas abertas e as mãos na cintura, mantendo os polegares voltados para trás. A separação das pernas deve ser pouca coisa maior que a distância entre os ombros. (Fig. 1)

Movimentos: (1) Com o pescoço ereto, girar a cabeça o máximo possível para a esquerda. (Fig. 2)

(2) Voltar à posição inicial.

(3) Girar a cabeça à direita o máximo possível, mantendo a posição ereta do pescoço. (Fig. 3)
(4) Voltar à posição inicial.
(5) Levantar a cabeça e olhar para o alto. (Fig. 4)
(6) Voltar à posição inicial.
(7) Inclinar a cabeça para a frente tocando o tórax com o queixo. (Fig. 5)
(8) Voltar à posição inicial.

3

Freqüência: Repetir os movimentos 2 a 4 vezes.

Pontos principais: Ao girar a cabeça para os lados, para a frente e para trás, manter as costas eretas e a barriga encolhida.

Sensação: Alívio nos músculos do pescoço.

Campo terapêutico: Indicado nos casos de torção aguda do pescoço (exemplo: torcicolo devido a um movimento brusco) e moléstia crônica do tecido cartilaginoso do pescoço (exemplo: rigidez do pescoço).

II. Arquear as mãos esquerda e direita

Preparação: Em pé, afastar as pernas com uma abertura pouco maior que a distância entre os ombros. Os braços ficam afastados do corpo, flexionados para cima, na altura da cabeça. As mãos devem estar abertas e mantidas a 30 cm do rosto, formando um semicírculo (as palmas devem estar voltadas para a frente). Olhar para frente. (Fig. 6)

Movimentos: (1) Afastar as mãos do rosto semicerrando-as, mas mantendo as palmas para frente. Girar a cabeça para a esquerda como se fosse olhar atrás do ombro através do pulso relaxado (projetando o peito e mantendo os antebraços na posição perpendicular ao chão). (Fig. 7)

    (2) Voltar à posição inicial.

    (3) e (4). Repetir os movimentos girando a cabeça para a direita. (Fig. 8)

Freqüência: Repetir os movimentos 2 a 4 vezes.

Pontos principais: Ao separar as mãos do corpo não se deve levantar os ombros (deixá-los completamente relaxados); as omoplatas devem aproximar-se da coluna vertebral. Os cotovelos são mantidos no mesmo nível.

Sensação: Alívio nos músculos do pescoço, ombros e costas.

Campo terapêutico: Indicado nos casos de dores e rigidez no pescoço, ombros e costas e inchaço de mãos e braços. Serve também para diminuir a sensação de pressão no peito.

6

7

8

III. Esticar braços e mãos para o alto

Preparação: Em pé, afastar ligeiramente as pernas (distância um pouco maior que a de um ombro a outro), flexionar os braços e colocar as mãos semicerradas ao lado dos ombros, mantendo as palmas para a frente e os pulsos relaxados. (Fig. 9)

Movimentos: (1) Abrir as mãos e levantar os braços esticando-os bem. As mãos devem ficar perpendiculares aos pés, com as palmas voltadas para a frente. Levantando a cabeça, fixe os olhos na mão esquerda. (Fig. 10)

(2) Voltar à posição inicial.

(3) e (4) Repetir os movimentos, olhando desta vez para a mão direita. (Fig. 11)

Freqüência: Repetir 2 a 4 vezes os movimentos.

Pontos principais: O peito deve ser projetado e a barriga encolhida, mas sem conter a respiração.

9

10

11

Sensação: Os movimentos proporcionam alívio aos músculos do pescoço e ombros. Seguindo os *pontos principais,* o mesmo ocorrerá na cintura.

Campo terapêutico: Indicado nos casos de dores no pescoço, ombros e costas, ou dificuldades na articulação dos ombros — quando se erguer os braços, por exemplo,

IV. Relaxar o peito

Preparação: Em pé, afastar ligeiramente as pernas numa distância pouco maior que a de um ombro a outro. Cruzar as mãos diante do abdome, com a esquerda sobre a direita. (Fig. 12)

12

Movimentos:

(1) Levantar os braços acima da cabeça, esticando-os ao máximo sem descruzar as mãos, e mantendo o olhar na mão esquerda. (Fig. 13)

(2) Esticar os braços para os lados descrevendo um arco (as palmas das mãos ficam voltadas para cima), e depois voltar à posição inicial. As palmas voltam à posição natural, e o olhar estará sempre fixo na mão esquerda. (Figs. 14 e 15)

(3) e (4) Repetir (1) e (2), fixando o olhar desta vez na mão direita.

13   14

15

Freqüência: Repetir os movimentos 2 a 4 vezes.

Pontos principais: Ao levantar as mãos cruzadas, contrair o abdome e projetar o tórax.

Sensação: Quando se levantam os braços haverá um alívio imediato nos músculos do pescoço e ombros.

Campo terapêutico: Útil no combate à rigidez ou mau funcionamento da articulação dos ombros, além de dores de pescoço, costas e quadris.

V. Soltar as escápulas

Preparação: Em pé, afastar as pernas com uma separação pouco maior que a de um ombro ao outro. (Fig. 16)

16

Movimentos:

(1) Flexionar os braços e direcioná-los para cima e para trás, deixando os cotovelos mais altos que os ombros (as mãos permanecem na vertical, com o dorso para dentro) numa posição semelhante à de uma ave quando abre as asas. Girar a cabeça para a esquerda. (Figs. 17 e 18)

17 18

(2) Abrir os braços com as mãos à altura do rosto até que as palmas das mãos fiquem voltadas uma para a outra, com os dedos para cima. (Fig. 19) A cabeça volta-se para a frente. A seguir, abaixar os braços lentamente, passando as mãos diante do peito até voltar à posição inicial.

(3) e (4) igual a (1) e (2), girando a cabeça para a direita.

19

Freqüência: Repetir os exercícios 2 a 4 vezes.

Pontos principais: Durante o exercício, é necessário manter os pulsos relaxados e não levantar os ombros. Os movimentos para "abrir as asas" devem ser executados deixando que os cotovelos comandem a atuação dos antebraços.

Sensação: Com a execução desses movimentos, tanto os ombros como as omoplatas terão grande alívio.

Campo terapêutico: Recomendado nos casos de rigidez na articulação dos ombros (exemplo: periartrite das omoplatas) e de mau funcionamento das extremidades superiores.

VI. Levantar os braços alternadamente

Preparação: Em pé, com as pernas abertas numa distância pouco maior que a existente entre os ombros. (Fig. 16)

Movimentos:

(1) Levantar o braço esquerdo com o cotovelo para fora e a palma da mão voltada para o alto, como se estivesse carregando um peso, e olhando fixamente para o seu dorso. Ao mesmo tempo, flexionar o braço direito para trás e apertar o dorso dessa mão contra o lado esquerdo da cintura. (Figs. 20 e 21)

(2) Abaixar o braço esquerdo sem desvirá-lo, voltando à posição inicial.

(3) e (4) igual a (1) e (2) trocando o braço esquerdo pelo direito. (Fig. 22)

Freqüência: Repetir os movimentos 2 a 4 vezes.
Pontos principais: Ao levantar o braço, as costas permanecem eretas e a vista deve acompanhar o movimento da mão.
Sensação: A distensão do braço e a posição da palma da mão para cima transmitem alívio ao pescoço e ao ombro do lado do braço erguido, além de relaxamento no peito.
Campo terapêutico: Indicado nos casos de rigidez da articulação dos ombros e de dificuldade em movimentá-los; dores nos ombros e na região dos quadris, torcicolo e distensão epigástrica.

Segunda série

Exercícios para prevenir e tratar dores nas costas e quadris

Esta série de exercícios visa à movimentação da cintura e das costas. Todos os exercícios relacionados com quadris, ombros, nádegas e pernas favorecem a flexibilidade da articulação do osso ilíaco e da coluna vertebral. Relaxam a rigidez e as tensões das costas e do tecido cartilaginoso dos quadris e das costas e aumentam a capacidade muscular dos quadris e do ventre, recuperando seu bom funcionamento. Esses exercícios são ainda indicados para corrigir deformações da coluna vertebral, regular as funções do baço e do estômago, melhorar o funcionamento dos rins e estimular a potência viril, além de eliminar a sensação de empanturramento no epigástrio.

I. Erguer as mãos sobre a cabeça

Preparação: Em pé, com as pernas afastadas numa distância um pouco maior que aquela entre os ombros, entrecruzar os dedos das mãos à frente do abdome com as palmas voltadas para cima. (Fig. 23)

Movimentos:

(1) Levantar os braços com os dedos entrecruzados até a altura do rosto. Continuar o movimento girando as mãos com as palmas voltadas para fora e erguer os braços acima da cabeça ficando as palmas das mãos, ainda cruzadas, voltadas para cima; esticar bem os braços (neste momento a cabeça e o peito devem estar bem erguidos). (Fig. 24)

23

24

(2) Mover ambos os braços, flexionando lateralmente o tronco para a esquerda. (Fig. 25)

(3) Voltar à posição de alongamento para o alto e flexionar novamente o tronco para a esquerda.

(4) Descruzar os dedos e abaixar os braços lateralmente para voltar à posição inicial.

25

Os movimentos (5) a (8) são idênticos aos de (1) a (4) trocando, porém, a direção da flexão do tronco, isto é, mudando a esquerda pela direita.

Freqüência: Repetir os movimentos 2 a 4 vezes.

Pontos principais: Ao elevar as palmas das mãos para cima é preciso manter o corpo bem ereto e concentrar o movimento nos braços. Quando deslocar o corpo para os lados, não deixe que a parte inferior do corpo se desloque.

Sensação: Esses movimentos aliviam os músculos das costas e dos quadris, podendo chegar com o tempo aos ombros, braços e dedos.

Campo terapêutico: Indicado nos casos de rigidez dos quadris, dificuldade de movimentação da coluna e escoliose.

II. Girar o tronco e afastar a palma da mão

Preparação: Em pé, afastar as pernas a uma distância algo maior que a de um ombro a outro. Fechar as mãos e colocar os punhos aos lados da cintura, com os dedos voltados para cima. (Fig. 26)

26

Movimentos:

(1) Abrir a mão direita com os dedos esticados para cima e esticar o braço para a frente. Ao mesmo tempo girar o tronco 90° para a esquerda e olhar para trás à esquerda, esticando o cotovelo esquerdo para trás e comprimindo a cintura com o punho, mantendo os ombros quase em linha reta. (Figs. 27 e 28)

(2) Voltar à posição inicial.

(3) e (4) igual a (1) e (2), mudando a direção de rotação do tronco e a projeção da mão, isto é, girar o tronco para a direita e esticar o braço esquerdo.

27   28

Freqüência: Repetir os movimentos 2 a 4 vezes.
Pontos principais: Ao esticar a palma para a frente, deve-se fazê-lo lentamente, com uma força interna, e ao girar o tronco, mantenha-o ereto, com as pernas esticadas e os ombros em linha reta. A cintura, ao ser girada para o lado, precisa descrever nitidamente um ângulo.
Sensação: Verifica-se uma sensação de alívio na região da cintura quando a palma da mão é empurrada para a frente. Essa sensação se estende aos ombros e costas.

Campo terapêutico: Indicado para os casos de grave lesão nos tecidos cartilaginosos dos ombros, costas e quadris. Exemplo: lombalgia, entumescimento e atrofia dos músculos das mãos e braços etc.

III. Rotação com as mãos nos quadris

Preparação: Em pé, afastar as pernas a uma distância um pouco maior que a de um ombro a outro, e colocar as mãos na cintura com os polegares voltados para a frente. (Fig. 29)

Movimentos:

De (1) a (4): Girar a cintura, com o impulso das mãos apoiadas nos quadris, no sentido dos ponteiros do relógio. (Figs. 30, 31, 32, 33 e 34)

De (5) a (8): Repetir o mesmo movimento que o de (1) a (4), porém girando a cintura no sentido contrário.

33

34

Freqüência: Repetir os movimentos de 2 a 4 vezes. As primeiras duas vezes no sentido dos ponteiros do relógio e as outras duas vezes no sentido contrário.

Pontos principais: Executar o exercício com a cintura relaxada e as pernas firmes, descrevendo com os quadris um grande círculo. A cintura rígida invalida este exercício.

Sensação: A prática deste exercício proporciona uma clara sensação de alívio em toda a região da cintura.

Campo terapêutico: Este exercício é indicado nos casos de torsões na cintura, lombalgia e raquitismo crônicos ou dores locais devido à permanência prolongada na mesma posição.

IV. Flexionar o tronco para a frente com os braços abertos lateralmente

Preparação:

(1) Em pé, abrir as pernas a uma distância um pouco maior que aquela entre os ombros e cruzar as mãos diante do abdome. (Fig. 35)

Movimentos: Levantar os braços cruzados, levantando a cabeça, encolhendo a barriga e projetando o peito (fixar o olhar no dorso das mãos). (Fig. 36)

(2) Abrir os braços, em cruz, com as palmas das mãos voltadas para cima. (Fig. 37)

(3) Virar as palmas para baixo flexionando, ao mesmo tempo, o tronco para a frente. (Fig. 38)

(4) Cruzar as mãos diante do corpo. (Fig. 39)

(5) Pressionar com ambos os braços as orelhas e erguer os quadris até o tronco ficar quase completamente reto.

(6) (7) e (8) igual a (2) (3) e (4). Neste último compasso, voltar à posição inicial.

Freqüência: Repetir 2 a 4 vezes os movimentos.

Pontos principais: É necessário levantar a cintura quando flexionar o tronco para a frente, esticando-o bem para aumentar a capacidade dos seus músculos, empurrando o peito para baixo. Durante a flexão do tronco para a frente, é preciso manter as pernas bem esticadas, e esforçando-se em tocar o chão com os dedos.

Sensação: Esses movimentos proporcionarão um alívio nos músculos da região da cintura e igualmente naqueles da barriga das pernas quandos os dedos tocarem o solo.

Campo terapêutico: Indicado nos casos de dores nas costas, pescoço e quadris.

37

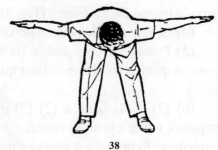

38

39

V. Esticar a mão obliquamente para cima, dando um passo em forma de arco

Preparação: Em pé, com as pernas bem abertas, as mãos fechadas e apoiadas nos quadris. (Fig. 40)

40

Movimentos:

(1) Girar o tronco para a esquerda dando um passo em forma de arco para a esquerda. Ao mesmo tempo, abrir a mão direita e dirigi-la obliquamente para cima (com a palma da mão voltada para dentro). (Fig. 41)

(2) Voltar à posição inicial.

(3) e (4) igual a (1) e (2), mudando a direção de rotação do torso, o passo de arco e a mão que se eleva.

41

Freqüência: Repetir os movimentos 2 a 4 vezes.

Pontos principais: Ao dirigir a palma para cima e dar o passo em arco, é preciso manter retos os braços, a cintura e as pernas. Nesse movimento para cima, aliás, é preciso girar o dorso do mesmo lado da mão elevada, formando um ângulo evidente.

Sensação: Esses movimentos conferem uma sensação de alívio à cintura e às pernas.

Campo terapêutico: Indicado nos casos de inchaço e dores nas costas, quadris, pés e mãos.

VI. Tocar o peito dos pés com as mãos

Preparação: Em pé, com o tronco ereto e os pés unidos, deixar as mãos caídas ao longo do corpo. (Fig. 42)

Movimentos:

(1) Cruzar os dedos das mãos diante do abdome e elevá-las. Quando estiverem à altura do rosto, as palmas devem ser viradas para fora, em movimento rotatório, ficando voltadas para cima e projetando-se acima da cabeça (fixar o olhar nas costas das mãos). (Fig. 43)

(2) Flexionar o tronco para a frente, mantendo a cintura reta. (Fig. 44)

(3) Tocar o peito dos pés com as palmas das mãos. (Fig. 45)

(4) Voltar à posição inicial.

Freqüência: Repetir os movimentos 2 a 4 vezes.

42

Pontos principais: Ao impulsionar o tronco para a frente, as nádegas devem ser impulsionadas para trás e para o alto. Em todos os movimentos as pernas são mantidas bem esticadas. Deve-se desenvolver esforço para tentar alcançar os pés sem dobrar os joelhos.

Sensação: Os movimentos proporcionam alívio nos músculos dos quadris e da barriga da perna.

Campo terapêutico: Indica-se este exercício nos casos de lesão grave no tecido cartilaginoso dos quadris e das pernas, dificuldades em girar a cintura, escoliose, dores e inchaço nas pernas, ou quando existe dificuldade em esticar e flexionar as mesmas.

Terceira série

Exercícios para prevenir e tratar dores na região glútea e nas pernas

Esta série de exercícios consiste em movimentar as nádegas e as pernas. Os que estão relacionados com a articulação coxofemoral, dos joelhos e tornozelos conferem a essas partes do corpo maior flexibilidade, aumentando a capacidade muscular da cintura, ventre, glúteos e pernas. Relaxam a viscosidade e eliminam os espasmos do tecido cartilaginoso das nádegas e das pernas, melhorando seu funcionamento. Com a prática destes exercícios se consegue corrigir deformações da coluna vertebral, da região pélvica etc.

I. Girar os joelhos para o lado esquerdo e para o lado direito

Preparação: Com os pés juntos e o corpo ereto, flexionar o tronco para a frente apoiando as mãos nos joelhos. Os olhos devem fixar o solo. (Fig. 46)

46

Movimentos:

(1) Flexionar as pernas e, sem tirar as mãos dos joelhos, girá-los para a esquerda e para a direita executando uma volta completa no sentido horário, esticando ao final as pernas. (Figs. 47 e 48)

47   48

(2) Quando as pernas estiverem esticadas, ter-se-á realmente a posição inicial.

Freqüência: Repetir 2 a 4 vezes os movimentos, sendo que os dois primeiros ciclos se fazem começando a volta pelo lado esquerdo e os dois seguintes, com a volta sendo iniciada pelo lado direito, no sentido contrário ao dos ponteiros do relógio.

Pontos principais: Os joelhos devem ser girados lentamente, descrevendo a circunferência mais ampla possível. Os calcanhares devem ficar firmemente apoiados no solo.

Sensação: A execução destes movimentos proporciona alívio na articulação dos joelhos e dos tornozelos.

Campo terapêutico: Indicado no alívio das dores causadas pelo artritismo nos joelhos e tornozelos ou na fraqueza dessas regiões.

II. Girar o tronco alternadamente à esquerda e à direita mantendo a perna contrária flexionada

Preparação: Afastar bem as pernas, mantendo a ponta dos pés voltada ligeiramente para dentro. Apoiar as mãos nos quadris com os polegares voltados para trás. (Fig. 49)

Movimentos:

(1) Flexionar a perna direita mantendo a esquerda bem esticada. (Fig. 50) Ao mesmo tempo, girar o tronco para a esquerda. (Fig. 51)

(2) Voltar à posição inicial.

(3) Flexionar a perna esquerda mantendo a direita esticada e girando o tronco para a direita. (Fig. 52)

(4) Voltar à posição inicial.

Freqüência: Repetir os movimentos 2 a 4 vezes.

*Pontos principais***:** O joelho deve manter-se em posição perpendicular à ponta do pé e o tronco ereto.

Sensação: Estes movimentos proporcionam alívio tanto no músculo da coxa da perna esticada como nos músculos gêmeos da perna dobrada.

Campo terapêutico: Indicado nos casos de dores na cintura, nádegas e pernas e nas dificuldades de movimentação da articulação coxofemoral, dos joelhos e dos tornozelos.

52

III. Partindo da posição de cócoras, esticar as pernas

Preparação: Em pé com os pés unidos.

Movimentos:

(1) Flexionar o tronco para a frente e apoiar as mãos nos joelhos com as pernas bem esticadas. (Fig. 53)

(2) Pôr-se de cócoras sem tirar as mãos dos joelhos, porém girando os dedos das mãos de modo a que fiquem frente a frente, tocando-se pelas pontas. (Fig. 54)

(3) Apertar o peito dos pés com as palmas das mãos. A seguir, esticar bem as pernas projetando as nádegas para o alto. (Fig. 55)

(4) Voltar à posição inicial.

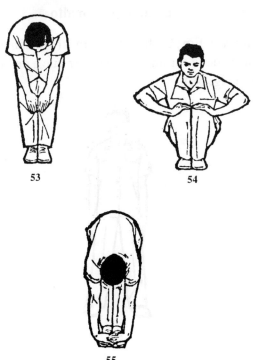

Freqüência: Repetir 2 a 4 vezes os movimentos.

Pontos principais: As pernas devem ser esticadas só depois de apoiar as mãos no peito dos pés. Os movimentos não devem ser simultâneos.

Sensação: Ao ficar de cócoras, se experimenta alívio nos músculos anteriores das coxas e na articulação dos joelhos. Quando se esticam as pernas, sente-se grande alívio nos músculos posteriores das coxas.

Campo terapêutico: Indicado nos casos de dificuldade motora na articulação coxofemoral e nos joelhos, e em casos de atrofia dos músculos das pernas devido a dificuldades de extensão das mesmas.

IV. Apoiar uma mão no joelho e estender a outra para o alto

Preparação: Em pé, afastar as pernas (a distância entre um pé e outro deve ser um pouco maior que a de um ombro a outro). (Fig. 56)

56

Movimentos:

(1) Flexionar o tronco para a frente e apoiar a mão direita no joelho esquerdo. (Fig. 57)

57

(2) Endireitar o tronco e levantar o braço esquerdo, mantendo a palma da mão para cima (olhar fixamente para o dorso da mão erguida). Ao mesmo tempo, flexionar as pernas colocando o peso do corpo no centro. (Fig. 58)

58

(3) Flexionar o tronco para a frente, esticar as pernas, e apoiar a mão esquerda no joelho direito. (Fig. 59)

(4) Igual a (2), porém levantando o braço direito. (Fig. 60)

(5) Igual a (3), porém apoiando a mão direita no joelho esquerdo.

(6) Igual a (2).

(7) Igual a (3).

(8) Posição inicial.

59

60

Freqüência: Repetir os movimentos 2 a 4 vezes.

Pontos principais: Deve-se manter o peso do corpo sempre no meio das pernas, tanto ao flexioná-las como quando se estende o tronco para cima. O braço estendido deve estar reto.

Sensação: A execução desses movimentos confere alívio nos músculos gêmeos de ambas as pernas, bem como aos ombros e à região da cintura.

Campo terapêutico: Este exercício é recomendado nas dores na região da cintura e nas pernas, especialmente quando há dificuldade em sua movimentação.

V. Levantar a perna e apertar o joelho contra o peito

Preparação: Em pé com os pés juntos.

Movimentos:

(1) Dar um passo à frente com o pé esquerdo e passar o peso do corpo para a perna esquerda. Esticar a perna direita, tirando o calcanhar do chão. Ao mesmo tempo, levantar ambos os braços para cima e diante do corpo, com as palmas das mãos voltadas uma para a outra. A cabeça deve manter-se bem levantada e o peito aberto. (Figs. 61 e 62)

61 62

(2) Baixar os braços pelas costas. Ao mesmo tempo, elevar o joelho direito e apertá-lo contra o peito com ambas as mãos. A perna esquerda deve se manter esticada. (Fig. 63)

(3) Voltar à posição (1).

(4) Posição inicial de preparação.

(5) até (8) igual a (1) até (4), mas trocando a perna direita pela esquerda.

63

Freqüência: Repetir os movimentos 2 a 4 vezes.

Pontos principais: O corpo deve manter-se equilibrado ao executar o movimento (1). A perna é levantada ao máximo a fim de que o joelho toque o peito. A perna que serve de apoio deve ficar bem esticada. Tais pontos não precisam ser seguidos rigidamente pelas pessoas mais velhas.

Sensação: Ao apertar o joelho com as mãos se experimenta alívio nos músculos posteriores da perna de apoio e nos músculos anteriores da perna dobrada.

Campo terapêutico: Indicado nos casos de dores nas nádegas e pernas e nas dificuldades de extensão das pernas.

VI. Executar passos marciais

Preparação: Em pé, com os pés juntos, apoiar as mãos na cintura com os polegares voltados para trás. (Fig. 64)

64

Movimentos:

(1) Dar um passo à frente com o pé esquerdo levando todo o peso do corpo para a perna esquerda. (Fig. 65)

65

(2) Apoiar o calcanhar direito firmemente no solo; flexionar levemente a perna direita, passando para esta o peso do corpo, e levantar a ponta do pé esquerdo. (Figs. 66 e 67)

(3) Dar um passo à frente com o pé direito levando o peso do corpo para a perna direita e tirando o calcanhar esquerdo do chão.

66   67

(4) Colocar o calcanhar esquerdo na posição normal e flexionar ligeiramente a perna esquerda, passando para ela o peso do corpo e erguendo a ponta do pé direito.

(5) Transferir o peso do corpo à perna direita, levantando do chão o calcanhar esquerdo.

(6) Transferir o peso do corpo para a perna esquerda, flexionando-a ligeiramente e devagar, levantando a ponta do pé direito.

(7) Endireitar a perna esquerda, dar um passo para trás com o pé direito e flexionar levemente a perna direita, transferindo para ela o peso do corpo.

(8) Juntar os pés, voltando à posição inicial.

Freqüência: Repetir os movimentos 2 a 4 vezes.

Pontos principais: É preciso saber distinguir passo tenso e

passo relaxado quando se transfere o peso do corpo. O tronco permanece ereto e os movimentos precisam ser bem coordenados.
Sensação: Estes movimentos dão sensação de bem-estar na articulação das pernas e dos tornozelos.
Campo terapêutico: Recomendado para as dores nas pernas e nos casos de dificuldades na articulação das mesmas.

Quarta série

Exercícios para prevenir e tratar dores das quatro extremidades

Esta série de exercícios destina-se à mobilização das extremidades com o objetivo de obter maior flexibilidade de articulação nos membros e no tronco. Eles são indicados para amenizar dores artríticas, aumentando a capacidade muscular das extremidades, reduzindo a viscosidade e a tensão dos tecidos cartilaginosos e contribuindo para o melhor movimento de pernas, pés, braços e mãos, dando-lhes maior vigor. Assim, esta série de exercícios melhora o desempenho de múltiplas partes do corpo humano.

I. Projetar as palmas das mãos e flexionar as pernas

Preparação: Em pé, com as pernas afastadas (a abertura deve ser um pouco maior que a distância entre os ombros), cerrar os punhos e apoiá-los na cintura. (Fig. 68)

68

Movimentos:
(1) Flexionar ambas as pernas e apoiar o peso do corpo nas nádegas, como se estivesse sentado. Ao mesmo tempo, girar os antebraços para dentro, abrindo as mãos e projetando as palmas para a frente (as pontas dos dedos das mãos devem tocar-se). (Figs. 69 e 70)
(2) Voltar à posição inicial de preparação.

Freqüência: Repetir os movimentos 2 a 4 vezes.

Pontos principais: Ao projetar as palmas das mãos para a frente, os pulsos ficam paralelos e os braços bem esticados. Na posição sentada, o tronco precisa ser mantido ereto.

Sensação: Estes movimentos transmitem alívio à articulação dos pulsos e dos braços, sendo benéfico para a articulação dos músculos gêmeos das pernas.

Campo terapêutico: Indicado nos casos de dores nas articulações das quatro extremidades, e especialmente nos joelhos.

II. Projetar as palmas das mãos com flexão completa das pernas dobradas e cruzadas

Preparação: Em pé, afastar as pernas com uma abertura um pouco maior que a distância entre os ombros. Fechar as mãos e colocar os punhos lateralmente na cintura, com os nós dos dedos para baixo.

Movimentos:

(1) Girar os pés sobre os calcanhares para a esquerda e para trás, virando simultaneamente o tronco 180° na mesma direção, mantendo as pernas cruzadas com a esquerda na frente da direita. (Fig. 71)

(2) Flexionar completamente as pernas, sem descruzá-las. (Fig. 72)

71

72

(3) Empurrar a palma direita lateralmente e manter o punho esquerdo na cintura, olhando para a frente e meio à esquerda. (Figs. 73 e 74)

(4) Voltar à posição inicial.

(5) até (8) igual a (1) até (4), porém mudando a direção.

73

74

Freqüência: Repetir os movimentos 2 a 4 vezes.

Pontos principais: O tronco deve ser mantido ereto e equilibrado quando se flexionam as pernas cruzadas. A projeção da palma da mão para o lado deve ser lenta e vigorosa.

Sensação: Estes exercícios provocam sensação de alívio na articulação dos joelhos e dos tornozelos, beneficiando as pernas.

Campo terapêutico: Recomendado nos casos de dores nas articulações das quatro extremidades (membros), no pescoço, ombros, cintura e pernas.

III. Girar e flexionar o tronco

Preparação: Em pé, com os pés unidos, fechar ligeiramente as mãos, conservando os punhos frouxos e ao lado dos quadris. Os nós dos dedos ficam virados para baixo. (Fig. 75)

75

Movimentos:

(1) Levantar a mão direita, esticando bem o braço. Ao mesmo tempo abrir a mão de forma que a palma fique voltada para cima. Com a cabeça erguida, olhar fixamente para as costas da mão. (Fig. 76)

(2) Girar o tronco 90° à esquerda. (Fig. 77)

(3) Dirigir a mão direita para o lado esquerdo passando pelo alto e pelo corpo. Quando esta atingir a cintura, inclinar o tronco para a frente continuando a delizar a mão direita pela perna esquerda (lado exterior) até atingir o pé, do mesmo lado. (Figs. 78 e 79)

79

(4) Girar o tronco à direita, enquanto a palma da mão direita vai passando pelo peito de ambos os pés até atingir o lado exterior do pé direito. (Fig. 80) Volta-se, a seguir, à posição inicial.

(5) até (8) igual a (1) até (4), mudando o sentido.

Freqüência: Repetir os movimentos 2 a 4 vezes.

Pontos principais: As pernas devem ficar esticadas quando o tronco é inclinado para a frente.

Sensação: Estes movimentos proporcionam alívio nos ombros, cintura e pernas.

Campo terapêutico: Indicado nos casos de dores nos ombros, costas e pernas.

80

IV. Girar o tronco e a cabeça

Preparação: Em pé, com as pernas bem afastadas, fechar as mãos e apoiar os punhos nos quadris. (Fig. 81)

Movimentos:

(1) Girar o tronco para o lado esquerdo e para trás e flexionar a perna esquerda olhando por cima do ombro esquerdo. Ao mesmo tempo, abrir a mão direita empurrando-a para a frente e para cima, traçando uma linha reta com a perna e braço direitos. (Fig. 82)

(2) Voltar à posição inicial de preparação.

81

82

(3) e (4) igual a (1) e (2) mudando a direção. (Fig. 83)

83

Freqüência: Repetir os movimentos 2 a 4 vezes.

Pontos principais: Quando o tronco girar para a esquerda ou direita, os pés devem também girar sobre os calcanhares na mesma direção. Ao flexionar uma das pernas, a de trás deve ser esticada completamente, pressionando o solo com o calcanhar.

Sensação: Estes movimentos proporcionam alívio para o pescoço, ombros, cintura e pernas.

Campo terapêutico: Recomendam-se estes movimentos nos casos de dores de origem vascular nas quatro extremidades, ombros e cintura.

V. Esticar os pés alternadamente, forçando os calcanhares

Preparação: Em pé, afastar as pernas a uma distância um pouco maior que aquela entre os ombros e apoiar as mãos nos quadris com os polegares para trás. (Fig. 84)

Movimentos:

(1) Flexionar a perna esquerda e elevar o joelho, com a ponta do pé meio dobrada para baixo. Em seguida, esticar o calcanhar à frente e para baixo, pelo lado direito. (Figs. 85 e 86)

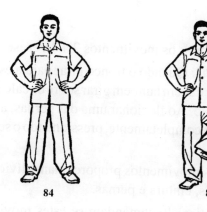

84   85

86

(2) Voltar à posição inicial.

(3) e (4) igual a (1) e (2) mudando a perna, isto é, fazendo os movimentos com a perna direita.

Freqüência: Repetir os movimentos 2 a 4 vezes.

Pontos principais: É necessário esticar o calcanhar de tal maneira que a perna fique bem estendida. Toda a força se concentra no calcanhar no movimento de extensão.

Sensação: Estes movimentos conferem grande alívio às pernas.

Campo terapêutico: Indicado nos casos de dores musculares e de joelhos.

VI. Chutar uma moeda imaginária para cima e para os lados

Preparação: Em pé, com os pés unidos, colocar as mãos na cintura com os polegares voltados para trás. (Fig. 87)

Movimentos:

(1) Levantar o pé esquerdo e ao mesmo tempo chutar para cima, com o lado interno do mesmo, uma moeda imaginária. (Fig. 88)

87

88

57

(2) Levantar o pé direito e fazer a mesma coisa com o lado interno do pé direito. (Fig. 89)

(3) Levantar o pé esquerdo e, com a parte externa, chutar "a moeda" para fora e para cima. (Fig. 90)

(4) Levantar o pé direito e com seu lado externo chutar "a moeda" para cima e para fora. (Fig. 91)

(5) Levantar o pé esquerdo e, com a ponta, chutar "a moeda" para cima e para a frente. (Fig. 92)

(6) Levantar o pé direito e, com a ponta, chutar "a moeda" para cima e para a frente. (Fig. 93)

(7) Dobrar a perna esquerda para trás e bater com o calcanhar nas nádegas. (Fig. 94)

(8) Dobrar a perna direita para trás e bater com o calcanhar nas nádegas. (Fig. 95)

Após cada impulso volta-se imediatamente à posição inicial.

Freqüência: Repetir os movimentos 2 a 4 vezes.

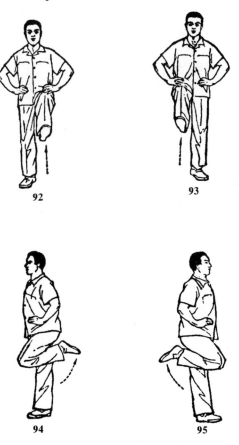

Pontos principais: Quando um dos pés chuta a moeda imaginária, a outra deve manter-se bem esticada.

Sensação: Esse exercício dá grande alívio às pernas.

Campo terapêutico: Estes movimentos são recomendados nos casos de dores na articulação coxofemoral e das pernas, ou fraqueza nas mesmas.

Quinta série

Exercícios para prevenir e tratar tenossinovites

Os movimentos desta série de exercícios são executados pelos membros superiores e destinam-se a promover a flexibilidade de articulação dos ombros, cotovelos e pulsos. Melhoram, também, o funcionamento do tecido cartilaginoso dos membros superiores, a circulação do sangue e o controle do sistema nervoso, relaxando a viscosidade e as tensões do tecido cartilaginoso da região escapular, dos braços e dos dedos das mãos. Esta série é indicada para prevenir e tratar o "cotovelo de tenista" e, especialmente, nos casos de tenossinovites.

I. Projetar as palmas das mãos para cima e para os lados

Preparação: Em pé, separar as pernas numa distância pouco maior que a de um ombro a outro e entrecerrar as mãos apoiando os punhos relaxados aos lados da cintura. (Fig. 96)

96

Movimentos:

(1) Abrir as mãos e levantá-las, girando-as de maneira que, ao atingir o alto da cabeça, as palmas estejam voltadas para cima. As pontas dos dedos ficam frente a frente; os polegares precisam estar afastados dos outros dedos. Esticar bem os braços, mantendo o olhar fixo nas costas das mãos. (Fig. 97)

(2) Voltar à posição inicial.

(3) Descer as palmas, como estão, mantendo os braços retos aos lados do corpo. Ao mesmo tempo, torcer o tronco 90° para a esquerda, olhando para as costas da mão esquerda. (Fig. 98)

97

98

(4) igual a (2).

(5) igual a (3), porém em direção contrária, isto é, à direita.

(6) igual a (2).

(7) Estender os braços na lateral com as palmas das mãos para fora e os dedos bem esticados para cima. (Fig. 99)

Freqüência: Repetir os movimentos 2 a 4 vezes.

Pontos principais: O tronco permanece ereto mesmo quando for girado, e os pés não devem sair do lugar.

Sensação: Estes movimentos trazem sensação de alívio ao pescoço, ombros, cotovelos, pulsos e dedos das mãos.

Campo terapêutico: Indicado no "cotovelo de tenista" e tenossinovites dos pulsos e dedos, sendo útil para prevenir e curar dores nos ombros e cintura.

99

II. Esticar a corda do arco para atirar a flecha

Preparação: Em pé.

Movimentos:

(1) Dar um passo lateral para a esquerda com o pé esquerdo. Ao mesmo tempo, cruzar os antebraços diante do peito com os dedos das mãos voltados para cima. (Fig. 100)

100

(2) Flexionar as pernas até a posição sentada e, ao mesmo tempo, esticar o braço esquerdo para este lado, com a mão virada para cima e o olhar fixo nas costas da mão. O braço direito é flexionado horizontalmente com o cotovelo voltado para trás, como se estivesse puxando a corda de um arco (fechando de leve a mão direita e mantendo os nós dos dedos para cima). (Fig. 101)

(3) Abrir a mão direita, e pressionar as duas palmas para baixo; ao mesmo tempo, endireitar as pernas. (Fig. 102)

(4) Voltar à posição inicial.

101

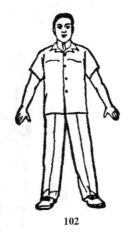

102

(5) até (8) igual a (1) até (4), porém em sentido contrário, isto é o braço estendido é o direito e o que puxa o arco, o esquerdo.

Freqüência: Repetir 2 a 4 vezes os movimentos.

Pontos principais: Ao "puxar a corda do arco", projetar o peito e aproximar ao máximo as omoplatas e a coluna vertebral.

Sensação: Executando estes movimentos, registra-se sensação de alívio nos antebraços, nos pulsos e nos dedos das mãos.

Campo terapêutico: Indicado no "cotovelo de tenista" e nas tenossinovites dos dedos.

III. Esticar os braços girando os punhos

Preparação: Em pé, afastar as pernas a uma distância um pouco maior que a de um ombro a outro. Fechar as mãos e apoiar os punhos à frente da cintura, com os nós dos dedos voltados para baixo.

Movimentos:

(1) Esticar os braços abrindo as mãos lentamente, acima da cabeça, com as palmas das mãos frente a frente e os olhos para cima. (Fig. 103)

103

(2) Fechar novamente as mãos e abaixar os braços lateralmente com os punhos voltados para fora, até voltar à posição inicial. (Fig. 104)
Freqüência: Executar os movimentos 1 ou 2 vezes.

104

(3) Abrir as mãos e estender os braços para baixo, mantendo as palmas para fora. A seguir, levantar os braços novamente, girando os punhos para que, ao atingir o alto da cabeça, as palmas estejam frente a frente. A cabeça fica erguida. (Fig. 105)

105

(4) Fechar bem as mãos, flexionando os punhos para que os nós dos dedos das duas mãos fiquem frente a frente (Fig. 106). Flexionar os braços, baixando-os por diante do corpo até voltarem à posição inicial. (Fig. 107)

106 107

Freqüência: Executar os movimentos 1 ou 2 vezes.

Pontos principais: Ao levantar os braços, o peito deve ficar aberto e projetado para a frente. A freqüência dependerá das condições físicas de cada um.

Sensação: Estes movimentos transmitem alívio aos pulsos, cotovelos, ombros e braços.

Campo terapêutico: Indicado nos casos de periartrite da região dos ombros, "cotovelo de tenista" e tenossinovites dos pulsos e dedos.

IV. Estender em linha oblíqua um braço para trás e outro para a frente

Preparação: Em pé, afastar as pernas (distância um pouco maior que a de um ombro a outro), fechar as mãos e apoiá-las nos lados da cintura.

Movimentos:

(1) Abrir a mão direita e projetá-la obliquamente para cima, mantendo o braço bem esticado, a palma da mão para a frente e os dedos para cima, separando bem o polegar dos outros dedos. Enquanto isso, girar o punho esquerdo para dentro, com os nós dos dedos voltados para baixo. Depois, empurrar o punho para trás e fixar os olhos no punho esquerdo. (Figs. 108 e 109)

108 109

(2) Voltar à posição inicial.

(3) e (4) igual a (1) e (2), porém invertendo a direção dos braços. (Fig. 110)

Freqüência: Repetir os movimentos 2 a 4 vezes.

Pontos principais: É preciso manter numa linha os dois braços estendidos para cima e para baixo, e relaxar os ombros.

Sensação: Estes movimentos dão uma sensação de alívio aos ombros, braços, cotovelos, dedos e peito.

Campo terapêutico: Indicado para os mesmos casos assinalados no ponto III, e também é útil nos casos de lombalgia.

V. Estender o punho para a frente

Preparação: De pé, com as pernas abertas, numa distância pouco maior que a dos ombros, fechar as mãos colocando os punhos dos dois lados da cintura.

Movimentos:

(1) Flexionar as duas pernas até atingir a posição sentada; ao mesmo tempo, direcionar o punho esquerdo para a frente, com os nós dos dedos para cima. (Fig. 111)

110

111

(2) Abrir a mão esquerda e virar a palma para cima (Figs. 112 e 113); depois, voltar à posição inicial de preparação.

(3) e (4) igual a (1) e (2), trabalhando, porém, a mão direita. (Fig. 110)

Freqüência: Repetir os movimentos 2 a 4 vezes.

112   113

Pontos principais: Na posição sentada, o tronco deve permanecer ereto. O punho deve ser projetado energicamente para a frente.

Sensação: Estes movimentos dão sensação de alívio aos braços, pulsos, pernas e dedos das mãos.

Campo terapêutico: Indicado nos casos de tenossinovites dos pulsos e dedos, "cotovelo de tenista", dores no pescoço, ombros e cintura.

VI. Relaxar os braços e girar a cintura

Preparação: Em pé, afastar as pernas a uma distância um pouco maior que a existente entre os ombros. (Fig. 114)

Movimentos:

(1) Apoiar a parte entre o polegar e o indicador da mão direita no ombro esquerdo, com a palma voltada para fora e os olhos fixos no ombro esquerdo. Apertar o dorso da mão esquerda contra as costas. Ao mesmo tempo, girar o tronco para a esquerda e para trás. (Fig. 115)

(2) Voltar à posição inicial.

114

115

(3) e (4) igual a (1) e (2), porém em direção contrária, isto é, a mão esquerda empurra o ombro direito e a mão direita pressiona a região lombar. (Fig. 116)

Freqüência: Repetir os movimentos 2 a 4 vezes.

Pontos principais: Não levantar o cotovelo nem mover os pés ao apoiar no ombro a parte entre o polegar e o indicador. Os movimentos devem ser lentos, e ao girar a cintura deve-se descrever um ângulo amplo.

Sensação: Estes movimentos produzem sensação de alívio no pescoço, ombros, cotovelos, pulsos e cintura.

Campo terapêutico: Útil nos casos de periartrite da região dos ombros, "cotovelo de tenista", lombalgias em geral.

116

Sexta série

Exercícios para prevenir e tratar de perturbações funcionais dos órgãos internos

Esta série de exercícios consiste em friccionar os pontos chaves* e movimentar os membros e o tronco com o objetivo de melhorar a circulação do sangue e o funcionamento do sistema nervoso, fortalecendo sua eficácia, aumentando a capacidade das atividades tanto do cérebro como dos órgãos internos e contribuindo, assim, para um metabolismo equilibrado. Esta série é oportuna também no tratamento e prevenção de doenças do coração, fígado, baço, pulmões, rins e estômago.

I. Massagem cutânea do rosto e fricção de pontos chaves nas mãos

Preparação: Em pé, afastar as pernas a uma distância igual à de um ombro a outro. (Fig. 117)

117

---
* Pontos chaves são os pontos vitais do corpo humano nos quais se colocam agulhas durante o tradicional tratamento chinês de acupuntura ou se praticam massagens específicas.

Movimentos:

(1) Passar os dedos levemente sobre o rosto, partindo dos cantos da boca, rodeando os lados do nariz, atingindo os globos oculares e chegando até a testa. Daí passar para as maçãs do rosto, detendo-se em massagens circulares de 8 a 16 vezes. (Fig. 118)

118

(2) Seguindo o movimento anterior, passar as palmas das mãos pelo rosto, subindo pela cabeça e descendo pela parte posterior, pelo cangote e ao redor das orelhas, passando então de novo às maçãs do rosto, fazendo 8 a 16 massagens circulares. (Fig. 119)

119

(3) Apertar a palma da mão esquerda contra a boca do estômago, deixando a língua encostada no céu da boca e fixando os olhos em um ponto imaginário à frente. Manter a postura enquanto se esfrega com o dedo polegar da mão direita o ponto chave de adormecimento da mão esquerda (uma terceira parte do osso do dedo indicador), de 24 a 36 vezes. (Figs. 120 e 121)

(4) igual a (3) esfregando o ponto chave de adormecimento da mão direita com o polegar da mão esquerda, também de 24 a 36 vezes.

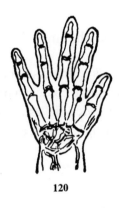

120

121

Pontos principais: A massagem do rosto e da cabeça deve ser feita pressionando-se com as palmas das mãos. Já a massagem do dedo polegar (ponto de adormecimento) requer grande concentração e, por isso, recomenda-se que seja feita mantendo os olhos fechados.

Sensação: Estes movimentos aquecem o rosto e, quando se faz a massagem no dedo, consegue-se perfeito relaxamento.

Campo terapêutico: Indicado nos casos de neurastenia, insônia, enjôo, palpitações e perturbações funcionais do estômago e intestinos.

II. Fricção no peito e no abdome

Preparação: Em pé, afastar as pernas a uma distância um pouco maior que a de um ombro a outro e colocar a palma da mão direita sobre o epigástrio (boca do estômago), fazendo pressão. A mão esquerda se apóia sobre a direita. (Fig. 122)

122

Movimentos:
Friccionar 8 vezes o epigástrio, movimentando as mãos em pequenos círculos. Depois ampliar a área da massagem partindo do epigástrio e alcançando o peito, movendo as mãos em 8 círculos maiores que os anteriores. A seguir, reduzir novamente os círculos, massageando o epigástrio 8 vezes em sentido contrário.

Pontos principais: Quando se faz a massagem a palma da mão deve ser pressionada contra o ventre. O olhar fica fixo em um ponto imaginário adiante e o abdome relaxado. Deve-se prestar atenção à respiração: quando as mãos circulam para cima, se aspira e quando estas giram para a parte de baixo, se expira.

Sensação: Durante a massagem se sentirá um leve calor na região do abdome e, quando se consegue arrotar, a sensação é de bem-estar.

Campo terapêutico: Recomendado nos casos de mau funcionamento do estômago e dos intestinos, bem como lombalgias em geral.

III. Pentear-se girando a cintura

Preparação: Em pé, afastar as pernas a uma distância um pouco maior que a existente entre os ombros.

Movimentos:
(1) Apertar com a região tenar (eminência da parte ântero-externa da mão, formada por músculos do polegar) da palma direita contra o cocuruto (parte mais alta da cabeça), com os dedos, com exceção do polegar, voltados para a frente, sobre a testa. Ao mesmo tempo, apertar as costas da mão esquerda contra a cintura na região lombar. (Fig. 123)

123

(2) Passar os dedos pela cabeça da testa para trás como se estivesse se penteando, até o final; ao mesmo tempo, girar o tronco para a esquerda. (Fig. 124)

124

(3) Colocar o tenar da palma direita para a frente e pentear-se pelo lado direito da cabeça, passando por cima da orelha, girando o tronco para a direita. A cabeça acompanha o movimento do tronco. (Fig. 125)

125

(4) Voltar à posição inicial.
(5) até (8) igual a (1) até (4); em sentido contrário, e vice-versa.

Freqüência: Repetir os movimentos 2 a 4 vezes.

Pontos principais: A palma da mão deve pressionar fortemente a cabeça no movimento da frente para trás, o qual deve ser lento e contínuo.

Sensação: Estes movimentos proporcionam sensação de bem-estar e relaxamento em toda a cabeça, bem como alívio na cintura.

Campo terapêutico: Indicado nos casos de insônias, palpitações, turvamento da vista e vertigens.

IV. Levantar o joelho e projetar a palma da mão para cima

Preparação: Em pé, unir os pés e apoiar lateralmente na cintura as mãos fechadas, com os nós dos dedos voltados para baixo.

Movimentos:

(1) Colocar todo o peso do corpo no pé esquerdo; levantando o braço esquerdo com a mão aberta, projetar a palma para cima e para o alto (o polegar deve ficar afastado dos outros dedos e o olhar deve estar fixo na mão). A mão direita se abre e empurra algo imaginário em direção ao solo, com os dedos voltados para a frente. Enquanto isso, levanta-se o joelho direito. (Fig. 126)

(2) Voltar à posição inicial.

(3) e (4) igual a (1) e (2), mas em sentido contrário.

126

Freqüência: Repetir os movimentos 2 a 4 vezes.

Pontos principais: O tronco deve permanecer ereto quando se levanta o joelho e os braços devem ser esticados, ao máximo, como se fossem empurrar o céu e o chão.

Sensação: Este exercício proporciona alívio no pescoço, ombros, braços, costas, cintura e pernas.

Campo terapêutico: Indicado no caso de desarranjos do estômago e mau funcionamento do baço e nos casos de dispepsia.

V. Rotação do tronco inclinando-o para a frente e para trás

Preparação: Separar ligeiramente as pernas e apoiar as mãos fechadas, lateralmente, na cintura.

Movimentos:

(1) Abrir as mãos e voltar as palmas para cima, com a ponta dos dedos quase se tocando e os polegares afastados, e empurrar bem para o alto. Levantar a cabeça e olhar para as costas das mãos. (Fig. 127)

(2) Abaixar os braços lateralmente e apoiar as mãos nos quadris, com os polegares voltados para a frente.

127

(3) Girar o tronco para a esquerda e para trás (a cabeça e o olhar seguem o movimento do tronco). (Fig. 128)

128

(4) Girar o tronco para a direita e para trás. A cabeça e o olhar acompanham o movimento. (Fig. 129)
(5) Voltar à posição (2).

129

(6) Inclinar o tronco para frente. (Fig. 130)

130

(7) Inclinar o tronco para trás. (Fig. 131)
(8) Voltar à posição inicial.

131

Freqüência: Repetir os movimentos 2 a 4 vezes.

Pontos principais: Os pés devem permanecer imóveis quando se gira o tronco. Ao inclinar o tronco para frente e para trás, as pernas se mantêm bem esticadas.

Sensação: Estes movimentos proporcionam bem-estar ao pescoço, ombros e cintura.

Campo terapêutico: Indicado nos casos de má constituição física, fraqueza renal, lombalgias em geral.

VI. Esticar os braços e relaxar o peito

Preparação: Em pé, afastar as pernas a uma distância igual àquela existente entre os ombros.

Movimentos:

(1) Cruzar os braços na altura dos pulsos diante do corpo e levantá-los acima da cabeça, erguendo-a, e tirando os calcanhares do solo (aspirar durante o movimento). (Figs. 132, 133 e 134)

(2) Abaixar os braços pela frente do corpo e voltar à posição inicial.

132

133

134

Freqüência: Repetir os movimentos 2 a 4 vezes.

Pontos principais: Respirar naturalmente. Levantar os braços com um impulso que começa nos antebraços e se estende aos braços.

Sensação: Estes movimentos proporcionam relaxamento e bem-estar em todo o corpo.

Campo terapêutico: Recomendado nos casos de doenças crônicas do aparelho respiratório e nas dispepsias.